如何培养孩子的主动性

楼夷 著

浙江教育出版社·杭州

图书在版编目（CIP）数据

如何培养孩子的主动性 / 楼夷著 . -- 杭州：浙江教育出版社，2021.6
（教养升级）
ISBN 978-7-5722-1586-5

Ⅰ.①如… Ⅱ.①楼… Ⅲ.①儿童教育—家庭教育 Ⅳ.① G78

中国版本图书馆 CIP 数据核字（2021）第 059795 号

序

让你的孩子自己来

父母怎样成长，
才是向孩子展示什么是成长的
最有说服力的身教

在充满不确定性的今天，无论是为了让孩子不输在起跑线上，还是为了让孩子赢在将来，大多数父母都不得不花很多的时间、金钱和精力在孩子的教育上，很多父母也因此变得越来越焦虑。

这本书，主要用来解决一个困扰着很多父母的问题：如何平衡培养孩子成才和自己事业发展这两个目标。

我是两个孩子的妈妈，也是一位职场女性。像我这样的妈妈，大概都得面对平衡工作发展和家庭生活的矛盾——时间不够，钱包太小，水平有限，等等。如何既培养孩子又培养自己？如何在有限的资源条件下，给自己争取更多的"喘息"空间，也为孩子的未来争取更多选择余地？

从8年前怀孕开始，我就立下了一个宏伟的目标——做一个懒妈。我不要整天为带孩子操心，也不要日夜为孩子的未来焦虑，同时我还要培养一个优秀的娃。我发现，要实现这样的目标，最好的办法就是培养一个具有主动性的孩子。

主动性（initiative），指的是不需要别人让孩子做或者告诉孩子如何做，他就能自己去判断、规划并且完成一件事的能力。当孩子有了这样的动力和能力时，父母就可以放心、放手了。

培养一个具有主动性的孩子绝不像买一台自动洗衣机那么简单，你也没法用刷题提分的方法培养这种素质和能力。培养主动性需要合理的激励和科学的方法，且核心在于赋能——所有的激励和方法，不是为了控制，而是为了让孩子做主。

好在，我本来就在教育行业工作。作为一家英语教育科技公司的首席市场官以及原创英文童书和双师课程的负责人，我经常和公司里的中外教育专家讨论"人是如何学习的""如何才算真正掌握知识""如何通过有趣的内容和活动让孩子爱上学习、学会学习"等。我也因此了解了许多教育心理学的知识和培养孩子主动性的方法。

教育产品的设计与开发，和其他产品一样，都必须从用户的角度出发，满足他们的需求，让他们有更顺畅、更愉快的体验，从而引导用户按照你的路径走。实际上，育儿方案本来就是父母们最需要的产品。我是不是也可以应用设计产品的思维方式，为孩子设计一套"走向自主人生"的产品呢？

鉴于我的设想和工作上的便利，我把工作和家庭育儿实践中运用到的理论、方法和心得总结成册，分享给你。

本书分为三个部分。

第一部分是战略篇，介绍应用产品设计的理念，换位思考，理解孩子的需求。

第二部分（02章至04章）是战术篇，我会介绍孩子的三大刚需以及背后的理论。我还会分享如何顺应孩子的刚需，从而让孩子主动起床，自己收拾衣物，主动学习，等等。

第三部分（05章至07章）是实践篇，即通过多种方式引导孩子积极应对学习和生活中的复杂任务，培养孩子的阅读习惯和自学能力。我也会介绍如何通过谈话让孩子理解金钱的逻辑，自我约束并承担责任。

最后，这套课程的完成，要归功于我的先生王烁。作为一名爸爸，王烁采取了很多与众不同的育儿方法，包括聊天、游戏、看动画片、咖啡馆读书会、金钱奖励机制等。这些创意和办法看似天马行空，实际上是理论与实践的结合，而且亲测有效。

那么孩子处于什么年龄段的家庭最适合读这本书呢？

《如何培养孩子的主动性》主要针对的是4～10岁的孩子。这个阶段对于父母来说非常宝贵，因为只有这段时间，父母对孩子的心智成长能发挥最大的影响力。太小的孩子还没有心智接受这些滋养，再大一点的孩子主要是被社会教育、受同伴影响，父母对他们的影响变得很小。

这个阶段，在父母提供的安全环境里，在爱的温暖包围下，孩子会养成学习习惯，开始自发的有针对性的学习，运用金钱来度量、规划、实现自己的需求，且理解需求并不能都被满足，自己总要做取舍。

最重要的是，我们应该让孩子懂得，父母是另一个主体，有自己的需求、爱好、约束，对孩子无保留的爱并不意味着无止境的付出。孩子需要领会到，一切终究要靠自己。但这种领会带给他的，并不会是伤心惶恐，而是释然后的跃跃欲试。

这个年龄段正是培养孩子主动性的最佳时期。培养孩子的主动性，不仅会让父母省心省力，更会让孩子受益终身。

这不光是孩子的成长之旅，也是为人父母者的再成长。要想做到不疾不徐，不躁不怠，从容地将孩子带到人生的下一站，我们不仅要教育孩子，更要再教育自己，在为孩子规划旅程前反观我们自己的旅程。

人生是场马拉松，你我也不过才到中途。你

我怎样成长，才是向孩子展示什么是成长的最有说服力的身教。孩子的未来有无穷多种可能，唯独有一种不可能，那就是：他不会成为你想他成为，但你自己却不去成为的那种人。

我们无法以结果论英雄，因为项目还在进行，结果仍在远方，但养孩子这事，如鱼饮水，冷暖自知。我们知道自己走在正确的道路上。

期待你的加入。

目录

01 像理解用户一样理解孩子

从同理心出发,理解孩子 ·003
借鉴设计思维训练同理心 ·006
训练同理心的三个方法 ·008

02 用玩让孩子主动配合你

玩,就是孩子的学习 ·014
用玩让孩子在生活中配合你 ·017
用过家家的方法让孩子成为主导者 ·020
用玩调动孩子学习的主动性 ·023
拓展阅读:如何合理使用电子产品 ·024

03 支持孩子自我意识的发展

孩子自我意识发展的三个阶段 ·032
在生活中帮孩子独立 ·037
用幻想让孩子主动探索 ·041

04 借助归属感让孩子更主动

孩子倾向于追随同辈群体 ·046
同辈群体互动:同化 + 分化 ·050
帮孩子融入新环境 ·052
和孩子同伴的家长联手 ·055

05 让孩子自主阅读

打造读书氛围 · 063
开展主题学习 · 064
选难度适宜的书 · 067

06 让孩子主动学数学

培养孩子的数学兴趣 · 075
帮孩子找到学习节奏 · 077
用"胡萝卜加大棒"督学 · 080
拓展阅读：如何"消灭"旅行中的熊孩子 · 084

07 为什么钱能帮孩子衡量需求

用三个问题和孩子谈钱 · 097
教孩子用钱衡量一切 · 101

01

像理解用户一样理解孩子

父母可以把孩子视为用户，
真正体验他的生活、理解他的想法、
挖掘他的"痛点"。

两年前的某一天，我们全家在美国的一个城市旅行。我在一家童鞋店闲逛，两个孩子和爸爸在外面的游乐场玩。

过了一会儿，我儿子闹闹满头大汗地冲了进来。他全身脏兮兮的，鞋子和裤子上满是沙子，还有不少掉在了鞋店光洁的地板上。我感到很不好意思，却看到售货员满脸笑容地先开口了："哇，你一定玩得特别开心吧。"

售货员的话让我印象深刻。作为两个孩子的妈妈，我经常遇到自家熊孩子在外调皮捣蛋的情况，对路人的各种评论也都有心理准备。碰到这种情况，如果是好心的大爷大妈，还会提醒我"赶紧让孩子去洗洗"之类的话。大部分店员或者路人，不说话就不错了。但这位售货员，她完全从孩子的角度来看待这件事情：玩沙子是个特别棒的活动，干不干净不重要，重要的是好不好玩。

这位售货员的处理方式属于典型的"同理心"（empathy）沟通，也就是我们常说的换位思考，它也是我们理解孩子的基础。

✕ 从同理心出发，理解孩子

今天，同理心已经被看作处理人际关系、合作协同以及产品设计的基础心法。

人际关系专家建议"从别人的角度考虑问题"，教育专家强调培养孩子同理心的重要性，企业则更是要求以人为本来设计产品和服务。

举个我所在公司的例子。我工作的公司为学校和培训机构提供教育课程等产品和服务，这意味着我们有四类用户——直接用户是校长和老师，最终用户是家长和孩子。这四类用户非常不同，我们在做产品研发和推广时，就需要不断换位思考，理解不同用户的需求和痛点。

这一过程中，我最深刻的体会是，要做到换位思考真的太难了。它需要你跳出自己的世界，去体验对方的处境和情绪。这其实是反直觉的，更何况我们要对四类用户进行换位思考。

在校长、老师、家长、孩子这四类用户中，哪类最难理解呢？孩子。因为成人和孩子处在两个世界，他们的沟通存在三种不对称。

第一，信息不对称。

由于各方面的原因，父母掌握的信息和孩子获得的信息差别很大。比如，我家老二身高只有一米，他眼中的世界和我眼中的肯定不一样。又比如，孩子通常大半时间都待在幼儿园或学校，环境是相对封闭的，父母并不完全清楚那里发生了什么，只能靠家长会或者平时和孩子聊天获得的信息碎片来了解。

第二，心智和思维方式不对称。

由于心智发展的成熟度和社会经验的巨大差异，孩子和成人看待世界的角度很不一样。

比如，成人做事会考虑社会规则和别人的看法，而小朋友则更以自我为中心。成人做事讲究符合规则和逻辑，而小朋友只关心好不好玩。这些差异都会导致沟通时出现"鸡同鸭讲"的情况。

第三，谈判地位不对称。

人与人之间的交流，很多时候是一种谈判或者博弈。双方说什么、怎么说，和他们的利益以及实力密切相关。我们和孩子围绕起床、刷牙、吃饭、做作业、选择学校和专业、找工作等话题的沟通，同样是一种博弈。

在这些沟通中，孩子实际上是相对弱势的，没钱、没文化、力气小，还被"孝顺"这项道德的大帽子压着，想要和成人实现平等对话很难。

这三种不对称，形成了成人和孩子在沟通上

的鸿沟。

要像理解用户一样理解你的孩子并不容易，同理心的形成需要有意识地训练。

╳ 借鉴设计思维训练同理心

如何训练同理心呢？现在国际科技企业中流行的设计思维（Design Thinking）理念值得借鉴。

"设计思维"源于全球知名设计咨询公司IDEO的产品设计理念，核心是一切从用户需求出发，其基础就是"同理心"。IDEO的创始合伙人大卫·凯利（David Kelley）曾为苹果设计了第一款鼠标，也帮助很多知名企业设计产品，后来还创办了斯坦福大学设计学院（Stanford Design School），在全球推广这套方法论。为了让技术宅和设计师们更好地换位思考，设计思维还提供了一整套工具，其中一个工具叫用户旅程地图。

如何使用这个工具呢？我来举一个例子。

如果要设计一个真正让旅客感到舒适的机场，根据用户旅程地图工具，设计者需要把旅客从抵达机场到最后登机的整个过程中接触的地点列出来。比如，旅客先经过进门的防爆检查，然后去办理登机手续和托运行李，之后进行安检。过了安检，旅客可能会去咖啡厅休息一会儿，再到登机口等待登机。

设计师还要列出旅客在每一个接触点的所做、所思、所想，从而还原他的体验。为了获得尽可能真实的用户旅程地图，设计者还可以采用多种其他方法，如通过角色扮演实地体验用户的经历、对用户进行深度访谈，等等。

整个勾勒用户旅程地图的过程可能会多次反复，最终挖掘出用户真正的痛点和背后的渴望。

回到同理心的训练上。父母也可以把孩子视为用户，借鉴画用户旅程地图的工具，真正体验他的生活、理解他的想法、挖掘他的痛点。

✕ 训练同理心的三个方法

在具体实践中,我有三个勾勒孩子旅程地图的做法。

第一,去孩子所处的环境中实地查看,进行角色扮演。

2年前,我们全家在美国加州的圣迭戈待了4个多月,我女儿朵拉在家附近的学校上学,但是第一天放学后,她就哭着说不想去了。我问了半天才知道,她是因为当天上完厕所冲不了马桶。

冲不了马桶,再试一次不就行了,为什么会为这么一点事沮丧到不想上学?为了理解朵拉的想法,我就去学校了解孩子在学校的生活轨迹。我发现,这所小学是两个小时才休息一次,所以下课之后很多学生都要去上厕所,如果朵拉上了厕所却无法冲马桶，立刻会被下一个同学发现，这对于初来乍到的朵拉来说，是一件非常丢人的事情。

我一下就理解了她的处境，随后建议朵拉："你先试着冲五次，如果五次都冲不了，那不是你的错，可能是马桶坏了，你马上报告老师就可以了。"

这件事让我意识到，孩子遇到的问题可能家长平时根本想不到。所以之后我接送孩子时，都会顺便观察一下她周围的环境。为了更好地了解孩子能接触到的各种场景，我一般会顺着她课前、课中、课后的活动路线走一圈。我还会半蹲下来，把眼前看到的东西放大 1.5 倍，为的是把自己想象成小朋友。

当你进行角色扮演时，就会有非常不同的体验，还会发现很多平时容易忽略的问题。比如，你会发现过道的装饰墙太高了，看不到最上面的画；你会发现满墙的排名榜让你压力很大；你会发现自己特别盼望下课铃响起。这就是进入孩子的情境了。

第二，睡前和孩子聊天。

很多父母都推崇给孩子讲睡前故事，但我觉得和孩子睡前聊天更重要。因为听故事是单向输入，而聊天是双向沟通。

平时，无论在学校还是家里，孩子都是以听为主。睡前聊天能让孩子掌握说话的主动权，也让父母有机会了解孩子的学校生活。

睡前聊天的过程中，我会遵循"倾听、提问、少评论"三个原则。

首先，我会多听少说。其次，为了鼓励孩子说，我会不时地就细节提问以表示兴趣。最后，也是最重要的，我会避免评论或者说教，这样才可以在谈话中与孩子建立平等关系，让孩子敞开心扉。

当然，有时孩子不一定愿意和你聊天。你可以先通过玩游戏、讲故事活跃气氛，让孩子放松。另外，聊天和提问时你可以多谈细节。比如，你可以和孩子说"今天我看见你同学穿了一条和你差不多的红裙子",既可以引发孩子的兴趣,又可以通过具体的话题避免空洞的提问,让孩子有话可聊。

第三,把你和孩子的对话带入其他关系场景中,来体会孩子的感受。

比如,爸爸妈妈希望孩子通过努力获得优异的考试成绩。但你可能没想到,有时候即使孩子非常努力,也不一定能达成目标。

你可以换一个场景想象一下。如果你的老板对你说:"你这个月的KPI(关键绩效指标)为什么又没完成?你到底有没有努力?"或者你的朋友对你说:"你都创业多少年了,公司怎么还不上市?你的同学、亲戚都买别墅了,你怎么还猫在一室一厅里?你到底努力了没有?"你会是什么感受?

把亲子对话带入夫妻、上下级这种非常熟悉的关系场景中,你就能切身体会到孩子的感受以及弱势方的情绪了。

作为父母，我们总是觉得孩子在向自己求助，我们得给出意见，或者帮忙把事情搞定，所以说话的时候总会带着命令或者指点的口气。但是，如果你转换场景，就会发现两方沟通时，弱势方并不都需要强势方给出解决方案。他们可能只是想发出自己的声音，获得对方的关注和接纳。

02

用玩让孩子
主动配合你

孩子是通过玩游戏来学习的，
简单说教没有用，
需要抛弃逻辑，和孩子一起玩

之前谈到，只有像理解用户一样去理解孩子，我们才能真正明白他们的需求和痛点。

孩子的需求和痛点是什么呢？

接下来的战术篇，我将具体分析孩子的三大需求。只有充分理解这三大需求，我们才能顺势而为，培养孩子的主动性。

孩子的第一个需求，就是玩。

╳ 玩，就是孩子的学习

孩子在小的时候，很多事情还不能主动去做，培养主动性，应该从让孩子主动配合开始。然而现实中，孩子总是不怎么配合。

我在这方面深有体会。以我家老二闹闹为例。他两岁的时候,我每天早上都得面临两场战役。先是穿尿裤。每次我一说要穿尿裤,他整个人就都缩到被子里,把自己包得紧紧的。我得边吼边费尽力气扯开被子,用胳膊压住他拼命晃动的小胳膊小腿,给他穿上尿裤。还没等我松口气,就会迎来下一场战役——起床吃饭。吃早饭时,闹闹总是到处跑,我只能在后面一边喊一边追,最后气喘吁吁地把这个大声尖叫的熊孩子捉住,拎到餐桌前。

我相信很多新手爸妈都有和我一样的经历。孩子为什么总是折腾,为什么就不能主动配合呢?这个问题,直到我读了一本书才有了答案。这本书叫《如何说小孩子才会听:给2~7岁孩子父母的生存指南》(*How To Talk So Little Kids Will Listen : A Survival Guide to Life with Children Ages 2–7*)。

这本书的两位作者是亲子育儿专家,为父母提供育儿咨询。他们将平时积累的大量真实案例进行提炼，总结出经验教训和实用的亲子沟通工具。

作者认为，父母搞不定孩子，是因为大人和孩子的关注点完全不同。大人重视规则和秩序，比如整洁、准时和安静，但这些孩子都不在乎。孩子关注自我，喜欢玩和想象，而这些对大人来说又没那么重要。

玩，其实是孩子的一大刚需，也是儿童认知发展的必然阶段。瑞士著名心理学家、认知发展学派创始人让·皮亚杰（Jean Piaget）认为，从幼儿到少儿，孩子正是通过不同的游戏来感知和适应外部环境的。

0~2岁的孩子会通过练习性游戏，即不断摆动身体、重复动作，来练习复杂的运动技能。

3~7岁的孩子喜欢玩象征性游戏，比如跨着木棍当骑马，把椅子排成一列当火车。成人的世界对孩子来说太难理解了，所以孩子就通过幻想和假扮，创造一个自己的世界。这样，孩子就可以用自己的方式来解释外部世界，获得情感上的满足了。

7～12岁的孩子慢慢开始玩规则性游戏，通过和其他孩子交往、参与团体性游戏，来理解社会契约和社会关系。

最后，游戏会逐渐被严肃的工作替代。

皮亚杰的儿童游戏理论告诉我们：第一，孩子有自己的世界和游戏规则，与成人的不同。想让孩子配合，就得按照孩子的方式来做事。第二，孩子是通过玩游戏来学习的。与其简单说教，不如把学习包装成游戏，让孩子自己动手、探索，从中体验和了解世界。

✕ 用玩让孩子在生活中配合你

具体怎么做才能让孩子配合你呢？《如何说小孩子才会听：给2～7岁孩子父母的生存指南》一书给出了两个建议：一是拟人化，充分发挥想象力，让孩子周围的事物都"活"起来；二是把生活中枯燥的日常事务趣味化，把它们包装成游戏或者挑战。总之就是一句话——抛弃逻辑，和孩子一起玩！

在现实生活中，我是通过如下方法践行这两条建议的。

第一，用拟人化解决孩子穿尿裤的问题。

比如，在晚上，为了让闹闹穿上尿裤，我给闹闹编了一个"尿裤宝宝"的睡前故事系列：尿裤宝宝是闹闹的好朋友，陪伴他在梦里的世界探险。

"尿裤宝宝有什么本领呢？"闹闹问。

"他可以变成船、飞毯、滑翔伞等各种工具，在危险的时候救你。"我说，"但是他毕竟是宝宝，只能救你一次。"

"那下次探险怎么办呢？"

"不要担心，只要第二天睡前，你穿上一片新的尿裤，尿裤宝宝就会再来找你。"

这个系列故事闹闹非常爱听。每天睡前，他都会主动去穿尿裤，要求和尿裤宝宝一起听故事。

第二，把日常生活趣味化。我尝试用这个方法解决闹闹起床拖拉的问题。

早上起来后，我会一边和闹闹说"今天我变身了，我是一只大白鹅"，一边伸长胳膊，做出挥舞翅膀的样子，"你是一只小白鹅，我们两个谁先去草地吃虫子呢？"闹闹见状就会大喊："我先到，小白鹅先到。"然后赶紧下床穿好衣服，跟在我身后，挥舞着胳膊去餐厅了。

每隔几天我还会换个角色，有时候是幻影忍者，有时候是恐龙。每天早上，闹闹都很期待自己会变成什么小动物。

以上两种方法，比较适合2～3岁的孩子。因为你很难和这个年龄段的孩子讲道理，需要靠幻想打开他们的心灵。

╳ 用过家家的方法让孩子成为主导者

3~7岁的孩子逐步开始和外部世界打交道，认识社会并建立自己的社交关系。这个年龄段的孩子，独立意识开始增强，希望通过主动做事获得掌控感，纯幻想的游戏就不那么奏效了。

这一阶段，他们最常玩的游戏就是角色扮演，也就是通常说的过家家。在玩过家家的过程中，孩子通过模仿大人的工作可以增强自信心，别人的配合也有助于发展孩子的社交能力和情商。这实际上也是孩子通过模仿和协作，来理解外部社会以及相关规则的过程。

我们在家最常玩的角色扮演游戏是"照顾妈妈"。

游戏一开始，我就躺在沙发上，表现出非常虚弱的样子。两个孩子连忙给我盖上被子，垫上枕头，然后问我想要什么服务。

"我要喝水。"我说。

然后,他们马上去倒水。老二倒了一杯凉水,老大倒了一杯温水。

"我应该先喝哪杯水呢?"我问。

老大说:"你可以先喝凉水。凉水喝完了,再喝温水。"

然后,我提出想吃点东西。他们于是把橘子一瓣瓣剥好,喂给我。再搬个小凳子,放个小碟子,里面放上核桃仁、杏仁和饼干。

接着,我又提出要轻松一下,他们就给我找书和 iPad,还会劝我:"多休息,不要看太多 iPad 啊!"

除了"照顾妈妈"的游戏,我们还玩过"医生和病人""老师和学生"等游戏。每次孩子们都玩得很带劲。

在和孩子玩过家家游戏时,为了让"玩"更高效,更有可持续性,有三个事项是需要注意的。

首先,游戏里最好让孩子扮演掌控者。

无论是照顾者、医生还是老师,在生活中都属于主导的一方。让孩子主导,他们就能获得平时无法获得的体验,大大增强自信心。同时,也让他们去换位思考,"主导者"是不是真的那么有力量,怎么和其他人打交道。

其次,你要解决的问题或者要孩子适应的场景,都可以包装成游戏。

"照顾妈妈"的游戏,是为了让自己轻松带娃;玩"医生和病人"的游戏,是为了减少孩子对医院的恐惧;玩"老师和学生"的游戏,可以考察孩子的学习情况。

最后,游戏要根据家长个人的需求和喜好设计。

父母玩得投入,孩子才会投入。也只有这样,才能不断地玩下去,并解决实际问题。比如,我是一个"懒妈妈",能动口就不动手,能躺着就不坐着,能坐着就不站着。所以,我设计的游戏都是简单易操作的，也不需要太多工具，甚至直接躺着就可以玩。如果你特别喜欢运动，完全可以设计户外的体育游戏。

✕ 用玩调动孩子学习的主动性

利用孩子爱玩的天性不仅能搞定孩子生活上的问题，还能让他们主动学习。也许你会说，"把学习设计成游戏，我不会啊"。不用担心，现在你随时可以找到大量高质量的教育游戏资源。对父母来说，选择合适的资源，如图书、App、音频或视频，就可以了。

我家两个孩子的语文、数学和英语启蒙，包括拼音、10以内的加减法、字母认知、自然拼读等方面的学习都会用App来帮忙。孩子阅读习惯的培养，也可以借助生动有趣的书。在文后，我专门写了如何合理使用电子产品和如何合理分配时间的内容，供家长们参考。

当然，"好玩"主要是激发孩子的兴趣。任何精心设计的游戏式学习，孩子关注的主要还是玩，学习只是附带的结果。要想驱动孩子进行更复杂的学习，需求是多重的，比如毅力、有效的督促以及科学的方法，光靠兴趣是不够的。游戏也不能解决和孩子沟通中的所有问题，就像孩子也不可能永远在幻想中应对外部世界。

作为父母，我们的使命是陪着孩子，加强对孩子的了解，挖掘他们的多重需求，培养他们的主动性，增强他们适应和改造外部世界的能力。

✕ 拓展阅读：如何合理使用电子产品

现在 App 之类的电子学习手段的普及，给家长带来了两难的选择。父母一方面觉得这些电子产品很方便也很有效，另一方面也会担心孩子沉迷于游戏，或是损伤视力。在这里也分享一下我们家是如何使用电子产品的。

整体上，我们把电子产品当成糖衣炮弹来处理。处理糖衣炮弹，你会怎么做？把糖衣剥出来吃了，把炮弹扔回去！所以对待电子产品，也要去其糟粕取其精华。简单来说，有两个原则和三个注意事项。

两个原则，一是要给孩子设定明确的规则，二是要让孩子有掌控感。

设定明确的规则很容易理解，包括使用的时间、频率，在什么场景下使用，用来干什么，等等。

与此同时，让孩子感到自己可以做主同样重要。孩子喜欢玩电子产品，除了好玩，也是因为玩电子产品孩子比成人在行。这种掌控感、胜任力，以及由此获得的自信，将给孩子的人生带来重要的影响。

在孩子使用电子产品时，如何才能贯彻这两项原则呢？

你需要注意三件事。

1. 控制孩子用眼的时间而不仅仅是控制电子设备。

谈到保护视力,其实能对视力直接产生影响的,是长时间近距离用眼。使用电子产品当然有可能长时间近距离用眼,但是孩子的其他用眼场景也不少,比如做大量的课后作业、长时间对着乐谱练琴等。所以,我们首先要全面盘点孩子课外近距离用眼的时间,然后再做打算。

其次,我们可以采取一些技术手段来控制孩子使用电子产品的时间。比如,我们通常会在孩子的 iPad 上给相关的 App 或者网站浏览设置时间限制。时间一到,自动关闭,孩子就无法使用某个 App 或者浏览页面了。

最后,还有一种办法是通过交易,让孩子自己来决定使用的时间。比如,我们规定孩子可以用学习来挣游戏时间。朵拉每完成10道额外的数学题,就可以挣得10分钟的游戏时间。这样她会自己取舍。以前她每次都要玩20分钟,但是自从要自己挣游戏时间以后，她就和攒钱一样倾向于攒游戏时间，只玩10~15分钟了。因为是她自己决定的，所以她更容易接受。

2. 选择合适的使用场景而不仅仅是控制使用。

一说到孩子用App时的场景，很多人想到的就是孩子盯着手机猛看。实际上，App的使用场景很多，并不是每一种都需要用眼。

比如，在我们家，孩子用App做得最多的是听有声英文书，通常是在坐车或者旅行的时候打开iPad听。如果担心孩子的视力，家长完全可以选择无须用眼的App和学习方式。

那么，如果是不得不用眼的时候呢？

对于需要长时间用眼的视频类App，我们家会选择用手机或者iPad投屏到电视机上。比如有一款App，是通过动画短片来介绍科学、艺术、自然等知识的。虽然每个片子只有5分钟，但是因为生动活泼，孩子看30分钟都会觉得意犹未尽，所以我们选择投屏到电视机上看，避免了近距离用眼。

如果无法投屏，或者特别容易长时间用眼呢？我们还有一个办法，就是大人和孩子一起学，一起玩。比如朵拉这两年一直在一个网站自学数学，爸爸就在和朵拉一起学。每天晚上，朵拉自学小学数学，爸爸自学微分方程，雷打不动。而我们全家都喜欢玩的电脑游戏，则是朵拉指挥，爸爸动手操作。

这样亲子共学共玩有什么好处呢？第一，和孩子一起玩，父母就会和孩子有更多的共同语言，更容易理解他们。因为我们就不只是家长和孩子的关系，还是学伴和玩伴的关系了。第二，这样的场景实际上让父母控制了电子产品的使用方式和使用时间，同时也不会让孩子感到特别被动。尤其像玩电脑游戏，都是孩子出主意，爸爸执行。这样孩子就非常有成就感。

你也许会担心，自己自控能力不强，可能会带坏孩子。我想说，作为大人，我们应该比孩子更有自控能力，更能够选择合适的节目或者活动。我们还是要做孩子的好榜样哦。

3. 让孩子用App而不是玩设备。

从理念上来说，我觉得家长更应该关注孩子使用的App或者说体验的内容，而不是设备。比如大家觉得看书比看iPad好，但其实书也分好坏，难道因为是书就可以不加选择了吗？当然不是。

关键在于，你要去选择合适的App、网站或者内容，需要锻炼自己和孩子的判断力。

我也有一些朋友，直接把电脑给孩子，帮孩子设定资金账户，让他们自己去选购喜欢的音频、视频节目或者App。这种"放养"式的做法是不适合低龄孩子甚至青少年的。因为青少年的年龄段是培养习惯的关键时期，家长需要格外小心。

在我们家，我不会简单地把电脑或者iPad交给孩子，或是直接说"玩电脑"或"玩iPad"之类的话。我通常会和他们谈哪些是我觉得他们会喜欢或者适合他们的App或网站，给出一个经过我筛选的短名单，然后让孩子自己决定。同样，在使用的时候，我也会注意选择合适的时间和场景，甚至陪他们一起用。

当你强调内容而不是设备本身时，孩子就会把电子设备视为可以用完就走的工具，而不是生活的全部。他们用电子设备的目标会很明确，无论是听书、自学还是娱乐。事情做完，他们就会放下电子设备去干别的，而不会沉迷于此。

03

支持孩子自我意识的发展

你要把孩子扶上马再送一程,
但不能直接把孩子抱上马,
带着他上路。

孩子成长的过程，也是不断社会化的过程，即孩子会在生活的潜移默化中为自己定位。

他们会不断探索诸如"我是谁""我想做什么""我能不能按自己的想法做事"等问题的答案。这既是孩子主动做事的原因，也是他未来走向独立的源动力，更是自我意识逐渐建立发展的过程。

如何通过支持孩子发展自我意识去培养他的主动性呢？

╳ 孩子自我意识发展的三个阶段

这种"探索"会从什么时候开始呢？

以我家老二为例，他"独立"因子的萌芽，

是在两岁的时候。

某一天晚上,我例行要求他去刷牙,这个刚过完两岁生日的小男孩没有像过去那样乖乖服从,而是转身站在一张小板凳上,叉着腰对我大喊:"No!"

正是这一声"No",开启了"可怕的两岁"(Terrible Two)。

"可怕的两岁"是指一岁半到三岁这一年龄阶段,孩子做事常常任性叛逆,爸妈让往东就非要往西,而且情绪波动极大。比如,什么事情如果和平常的操作顺序不一样,他们不仅会立马大哭,甚至还会要求全部重做。这种变化不仅烦人,还让很多新手爸妈不知所措。

这个年龄段的孩子为什么会突然事事反着来呢?著名心理学家爱利克·埃里克森(Erik Erikson)的理论能给我们一些启发。

埃里克森认为,人的一生会经历八个社会心

理的演变阶段。在不同阶段，人会面临不同的任务，经历不同的冲突或者说困境。如果成功应对了这些问题，就有助于形成良好的心理素质；否则在发展健康的自我意识时，就可能缺少某些关键技能。

在埃里克森理论的八个阶段里，第二至第四阶段是童年阶段。在这三个阶段，孩子学习适应家庭、幼儿园、小学的不同环境，也开始探究自己的能力。

第二阶段：1岁半到3岁的儿童期，阶段主题是"自主与怀疑的冲突"。

一方面，孩子在这个阶段掌握了爬、走、说话等基本技能，并开始学习决定自己的事情，包括吃饭、穿衣、大小便等。

另一方面，父母也在培养孩子的行为规范和生活习惯。他们会认为孩子的能力不足，不能够自主决定。这就打响了双方围绕话语权、控制权的争夺战。

这时，如果孩子能按自己的方式独立完成这些任务，就会感到有控制力、自主感，要不然就会对自己产生怀疑，并感到羞愧。

第三阶段：3岁到6岁的学龄初期，阶段主题是"主动与内疚的冲突"。

这一时期，孩子通过在幼儿园和其他孩子一起玩，开始学习规划、组织、创造活动，还会学习和人沟通，变得特别好奇、好问。

如果父母鼓励孩子的各种探究和创造性活动，会有助于培养他的创造力和领导力；如果父母对这些问题置之不理，孩子会觉得自己"只是一个麻烦"，从而失去创新和探究的勇气。

第四阶段：6岁到12岁的学龄期，阶段主题是"勤奋与自卑的冲突"。

这一阶段的孩子已经在学校学习读写、算术等课程。一方面，他们更加独立；另一方面，他们很重视同辈群体的认同，为此要发展同辈群体认为有价值的能力，比如学习。如果学习顺利，他们就会更加勤奋，对未来更有自信，否则就会感到自卑。

总之，埃里克森认为，人的一辈子都要面临不同的冲突。这些冲突最终能不能圆满解决，取决于两个重要因素——能不能按照自己的意志行事和有没有能力胜任。

理解了孩子的社会化进程，再重新看待"可怕的两岁"，你就会对它有更多理解。其实，孩子所有的哭闹都和冲突有关，他们尝试自主和自立，但和自己的能力冲突了，或是和父母、社会的意志冲突了。

所以，在"可怕的两岁"这个让人抓狂的阶段，父母应该更好地帮助孩子。这不仅有助于孩子自立意识的培养，也是培养孩子主动性的最佳时期。

这里最难的是把握分寸。你既要培养孩子的独立能力，又要照顾他们的自尊心；既要保护孩子的自主意识，又要确保他们的行为习惯符合社会规范。换句话说，你要把孩子扶上马再送一程，但不能直接把孩子抱上马，带着他上路。

✕ 在生活中帮孩子独立

在生活中，帮助孩子独立自主，我通常会做以下三件事。

第一，管住手和嘴，让孩子负责自己的穿衣起居。

朵拉9个月大的时候，开始对自己吃饭感兴趣。于是我们不再喂饭，而是让她自己用勺子吃。刚开始很不顺利，饭一半吃到脸上，一半掉到地上，真正进嘴的没多少。但3个月后，朵拉就可以准确地把勺子放进嘴里了。两岁的时候，她已经可以熟练地使用筷子了。

这时候最重要的是你的目标和心态——是让孩子尽快把饭吃完重要，还是鼓励和支持他自己做事重要？孩子吃饭慢，是一种恼人的拖后腿行为，还是他成长中必然经历的一小步？

对我来说，答案肯定是后者。那时候我给朵拉拍了不少吃饭的照片。我想，她很快就会学会吃饭，而且有一辈子的时间正经吃饭，但是满脸饭粒的好玩时刻绝对是可遇不可求的。

穿衣、穿鞋等也一样。如果来不及，你早上可以提前5分钟起床，腾出时间让孩子自己穿衣穿鞋。放学接孩子时，同样可以多等5分钟，给孩子留出自己收拾东西的时间。接送孩子上下学的路上，也最好让他自己背书包。

虽然这些事做起来会带来一时的麻烦，但孩子的自理能力会得到锻炼。做得越多，他就越会觉得自己能干，并且越来越喜欢自己做。我们家外出旅行时，朵拉两岁就开始自己准备行李，这件事也大大增强了朵拉的自信心。

第二，创造机会，让孩子参与并自己做决定。

孩子毕竟能力不足，无法真正解决或者决定所有事情。但是我们可以创造机会，让他先参与，然后逐步引导他自己做决定。

具体怎么做呢？最简单的方法就是通过提问和对话让孩子有参与感。

你可以先问孩子："你觉得应该怎么办？"然后对孩子的任何想法都给予肯定，再说说自己的建议。这其实也是对孩子的一种思维训练。

你还可以给孩子提供选择。比如，让孩子出门，可以先问他："你想坐左边还是右边？"这就比直接说"快坐到车上去"要好。

小孩子实际上没有能力做恰当的决定，你提供两到三个选项，就能在保证他参与的同时，为他降低了决策的难度，而你也能掌控事情的方向。

孩子大一点后，就可以更多地决定自己的事情了。我们家外出旅行时，也会让孩子参与到行程和路线规划中。

第三，给孩子积极、具体和及时的反馈。

正如埃里克森所说，父母或者其他人的肯定，关乎孩子做事的动力和能力的提升，这十分重要。如果你能给出积极、具体、及时的反馈，会有助于孩子主动进行探究和创造。

积极自不必多说，我这里着重强调及时和具体。

人为什么玩游戏时那么开心？就是因为每一步都会获得及时的反馈。你只有尽快让孩子了解他的每个行动会带来什么影响，他才能随时调整。

具体是指要关注细节。一方面，关注细节可以引导孩子关注和调整自己的行为；另一方面，多谈细节，本身就意味着你对孩子的支持。

换位思考一下，你就会更明白关注细节的重

要性。你换了新衣服，问老公漂亮不漂亮，如果他回答说："很漂亮很漂亮！"你是不是觉得很敷衍？但如果他说："我觉得这条新裙子的颜色非常衬你的肤色，你穿上后很显白、很显瘦。"是不是就好多了？讨论细节本身反映的就是态度，孩子和大人一样，希望得到真诚的回应和关注。

有时候实在不知道如何鼓励，怎么办？我建议你用提问的方式代替表扬。

比如，你看到孩子画的乱七八糟的线条，真不知道说些什么好。这时，你就可以问问他："你为什么用蜡笔？为什么用这个颜色？"这些问题都体现着你对孩子创作的关注和支持。听到了这样的问题，孩子也会满意。

✕ 用幻想让孩子主动探索

除了在生活中提供独立的机会，我们还可以

在幻想中满足孩子自我意识的发展。

我的办法是编一套以孩子为主人公的睡前故事，让他们在故事里上天入地、拯救世界。

讲故事特别适合引导孩子主动学习。因为故事能在不知不觉中增加孩子的求知欲，以自己为主人公的探险故事更顺应了他们独立做事的渴望。

讲故事有三个诀窍。

第一，要用孩子喜欢的元素。2~6岁的孩子最感兴趣的主题就是"吃、喝、拉、撒"，尤其是"拉"和"撒"。

第二，要有小动物。

第三，最好用闯关模式。这符合孩子好奇和爱探险的特点，也能引导他去解决问题。孩子如果非常喜欢，甚至会主动参与设计闯关的题目，如数学题、成语接龙等。

借助孩子自我意识的发展是培养孩子主动性的第二个战术。

当你发现孩子想自己做主的时候,就要赶紧抓住机会,给他时间,帮他创造自己能控制的现实和想象空间,促使他主动探索和自己做事。

04

借助归属感让孩子更主动

孩子的未来不取决于父母的爱，
而取决于能否与集体中的其他成员，
尤其是同辈和谐相处。

借助孩子的归属感需求是培养孩子主动性的第三个战术。我这里定义的归属感，是孩子被同辈群体接纳的需求。

同辈群体，就是同龄人。你肯定知道伙伴对孩子很重要，但具体是如何影响孩子的呢？什么样的同伴环境才有助于培养一个有主动性的孩子呢？

※ 孩子倾向于追随同辈群体

先来看看我家老大朵拉在美国的经历。2016年，也就是朵拉上幼儿园大班的时候，我们全家赴美待了 8 个月。去美国之前，她的英语基础是零。身边的人都建议我让孩子赶紧学好英语。美国学业轻松，孩子能说英语了，能和周围的孩子自如交流，一定会很开心。

这个看上去艰巨的任务,其实朵拉到美国后只用一个月就完成了。因为她去的第一个学校里没有中国同学,朵拉被逼得很快就能说一口流利的英语。我们离开美国的时候,她的成绩报告上几乎全是满分,老师对她的英语阅读和写作尤其赞不绝口。

但出乎意料的是,朵拉在美国并不开心,天天吵着要回国,理由是"这里没有朋友"。我这才发现,"缺少中国孩子"的环境,虽然有助于她的英语学习,却也让她很难找到属于自己的同伴圈子。

你也许很难想象,孩子不是已经会说英语了吗?怎么会难以交朋友呢?因为,融入圈子比学一门语言难多了。

第一,孩子得培养和其他同学一样的生活方式和爱好——看一样的书,玩一样的游戏,穿一样的衣服,吃一样的饭。对中国孩子来说,吃饭就挺难合群的。朵拉的学校可以带饭,也可以去吃食堂。一开始朵拉都是带饭的，但是过了不久她就要求吃食堂。我还以为她不喜欢吃我做的饭，后来才知道，她是为了和两个新交的小伙伴一起吃饭。其实她每天都盼望着周三，因为那天食堂会提供鸡肉米饭——其他的饭朵拉总是吃不惯。

第二，孩子还需要时间去维护固定的友情圈子。以朵拉为例，因为搬家，朵拉待在每个学校的时间也就 3 个月。但她一般 3 个月才开始找到相对固定的玩伴，而即使有玩伴，离形成固定的朋友圈还早得很。

朋友对孩子就这么重要吗？你也许觉得朵拉的经历只是个案，我一开始也这么想，直到我读了一本知名的心理学著作《教养的迷思》（*The Nurture Assumption*）。

这本书的作者是美国心理学家朱迪斯·哈里斯（Judith Rich Harris）。因为挑战了美国发展心理学界的主流观点——教养假设，她获得了美国心理学会颁予杰出心理学家的乔治·米勒奖。

教养假设认为，父母的态度、人格和教养方式决定了孩子的未来。如果父母能妥善管理自己的生活，拥有良好的人际关系，给孩子以尊重和关爱，孩子就能更好地适应这个社会。在国内，这类"原生家庭"的说法也很流行。

然而，哈里斯的研究表明，父母对孩子的影响并不在于教养，而在于给了孩子好的基因以及良好的社区或者学校环境——即孩子的同辈群体。

哈里斯还发现，教养影响的主要是孩子在家庭中的行为。而在外部社会，孩子自有一套不同的行为规范——孩子认同同伴，并依据所在群体的行为规范来调整自己的行为，从而实现社会化并发展自己的人格。她称其为"群体社会化"理论。

为什么在外部社会，孩子倾向于追随同辈群体而不是父母呢？原因很简单：他们的未来不取决于父母的爱，而取决于能否与集体中的其他成员，尤其是同辈和谐相处，因为他们要和同辈生活一辈子。所以，同辈群体，或者说同龄朋友圈对于孩子目前的生活，以及未来的人生，都非常重要。

╳ 同辈群体互动：同化 + 分化

孩子和同辈群体的互动包括"同化"和"分化"两种。

同化简单说就是从众。孩子希望和同伴保持一致，以获得接纳。通过同化，孩子也完成了社会化的过程。比如，进入学霸圈的普通孩子慢慢也可能成长为学霸；而进入崇尚暴力、以嘲笑他人为乐的群体，孩子就真的可能往这方面靠拢了。

孩子在同化的同时也在分化，尤其是到了青少年时期，孩子会在群体里寻找自己的定位，无论是领导者、追随者或者其他。不要小看孩子在同辈群体中的角色，哈里斯说，童年时期在群体中的地位会极大地影响孩子长大后的人格发展。

什么会决定孩子在同辈群体圈子里的地位呢？身高、美丑、体力、智力以及在群体中的时间等与此都有关系。在分化过程中，孩子逐渐了解自己和别人的差异，并发展自己的独立人格。

总之，哈里斯认为，在孩子的社会化和人格发展方面，父母能够直接影响的主要是基因，教养的作用很小。

这种说法一出来，舆论一片哗然。那么父母真的就无所作为了吗？当然不是。家庭教养无法决定孩子的人格，但是你可以曲线救国，影响孩子的同辈环境并帮孩子融入新的环境。

哈里斯给父母提出了两项具体建议。

第一，改善孩子的外表，让他看起来正常并且具有吸引力。

比如，给孩子矫正牙齿，以免影响孩子未来脸形的发育。又比如，给孩子穿合适的衣服。她还特别提醒家长注意孩子的身高。因为个子矮小的孩子，尤其是男孩，容易被同辈欺负。她也强调，要注意不要让孩子过于与众不同，比如取一个特别怪异的名字等。这些都是为了让孩子能够和同辈群体保持一致，同时引发好感。

第二，给孩子选择适合的学校、社区，不要频繁搬家。

这是为了给孩子找一个友好而且稳定的同辈群体，让孩子能够获得安全感，并且有时间建立长期和稳固的友谊。

╳ 帮孩子融入新环境

在融入新环境方面，父母能怎么帮孩子呢？

你也许想到了参加家委会，鼓励孩子积极参加学校活动、学习如何跟人相处等，这些都是不错的办法。不过，如果从归属感着手，还有两件事情可以做：取个好名字和尽可能就近择校。

取个好名字，对于孩子融入集体特别有帮助。现在大人给孩子取名字往往都会追求特别，但对孩子来说，好名字不需要多出挑，也不需要与众不同，而是要好写、好记。一个好记好写的名字，更能给孩子的同伴留下深刻的印象。

比如我给女儿取名"朵拉"，当时想得很简单，一则朗朗上口，二则笔画少，孩子上学写自己名字的时候不累。后来发现这个名字恰好和一部知名动画片的主人公同名。所以上学没几天，朵拉的很多同学就能正确叫出甚至写出她的名字了。还有小朋友和父母说："我们班里来了一个女生，名字叫朵拉，长得也像朵拉。"我听说以后感到很惊喜，没想到这个名字能让孩子更容易地获得同学的认同。

就近择校，让孩子生活在学校附近，也能帮孩子尽快融入同辈环境。我们回国后，朵拉面临幼升小的选择。以前我还很焦虑，因为现在很多家长在孩子还没出生时就忙着选重点学校、国际学校了。我既没买学区房，让孩子上知名的公立学校，也没花昂贵的学费送她去国际学校。我总担心这会不会耽误了孩子。但观察了朵拉在美国的经历，再读了《教养的迷思》这本书，我就没有那么焦虑了。因为适合孩子的成长环境并不一定非得用钱解决，关键是要找到合适的同伴。

上小学的第一个任务是融入同辈环境，建立安全感，而这通过就近择校就能很好地解决。安全感的建立需要足够的时间和共同的文化，而就近择校最大的好处恰恰就是这两点。

我家所在的划片小学只是个普通学区的普通学校，但从家到学校步行只需要5分钟。学校的学生大多也住在附近的社区，大家上学放学都在一块。这样，朵拉就有足够的时间去建立牢固的同辈群体关系和影响力。也因为大家都住在附近的社区，所以家庭条件都差不多，父母的文化素养和价值观一致，传递给孩子后，孩子融入同辈环境就更容易了。

✕ 和孩子同伴的家长联手

如果就近入学，你可能会担心学校不是重点学校，孩子以后不够优秀。在这方面，其实有比买学区房性价比更高的方式，你可以通过选兴趣班帮你的孩子重塑环境。

以我给朵拉找英语课外班为例。朵拉回国后，我发现她和同学在一起时，会尽量避免说英文。她想和大家保持一致，而不是与众不同。这实际上是她努力融入同辈环境的一种表现。

那如何让孩子既有合适的同伴，又乐于学习英语呢？我就去找课外班，找一群和她英语水平类似的小伙伴，促使她去学习英语。

选英语课外机构时，家长一般会关注老师和课程，而我首先关注是不是有分班测评。测评是分层教学的起点，找到水平相同的学员，学起来才更有效率。而且测评不仅能够找到合适的学伴，还可以帮你找到真正重视孩子学习的父母。一般情况下，家长都通过上体验课或者试听课来做选择，孩子开心就直接买课了。而测评比体验课要枯燥、困难，那些愿意让孩子在上课前接受挑战的家长，往往更重视孩子的学习。

我起先选择了一家在线英语教育机构，但这一标准对于线下机构也是适用的。实际上，线下机构对孩子，尤其是低龄孩子可能更好。因为孩子有更多机会和伙伴在一起，不仅是课堂上，还有课后的休闲时间，而且低幼的孩子尤其需要面对面的交流。最后我为我家老二选择了一家离家比较近的线下机构，并且同时报了这家机构的线上外教班。

通过测评筛选课外英语机构只是第一步。要通过同伴激发孩子，最好的办法是和同伴的父母合作。

以朵拉的同学 Tony 为例。Tony 是个来自南方城市的男生，英语很好。他和朵拉两个人在上课时总是聊得很嗨。有一次，老师布置作业，让两个孩子读美国知名童书系列"神奇树屋"。但是Tony不太愿意读,他妈妈就找我要来朵拉的读书进度,发给Tony看。这下Tony不干了,于是两人你追我赶,一个月居然各读了10多本。之后,我和Tony妈妈便经常交流孩子的书单。

还有一次,朵拉发现Tony上课时偷偷看书。我问了Tony妈妈,才知道是英文版的"哈利·波特"系列。于是朵拉也要买。这套书适合美国小学高年级的孩子,而那时候朵拉只有一年级,但她最终坚持看完了这套书。可以说,如果没有Tony,朵拉的英文阅读水平不会进步得这么快。

读英文书这件事也让朵拉在学校树立了"英语小达人"的形象。在学校图书馆,因为朵拉读的英文书比较厚,经常会有孩子好奇她是不是真的能读懂英文书。朵拉也慢慢觉得,原来英语好是一件值得自豪的事,这也算是在同辈环境中找到自己的差异化角色了。

总之,选择适合孩子发展的同辈环境、同伴

以及同伴的家长,帮孩子在同辈环境中找到归属感和差异化的角色,促成孩子和同辈环境之间的良性互动,也是培养孩子主动性的有效方法。

05

让孩子自主阅读

打造读书环境，
并不是简单装个书房或者书架，
而是要解决什么时候读、在哪里读、
和谁读这三个问题。

顺应孩子爱玩的天性、支持自我意识的发展、借助对同辈群体的归属感,是培养孩子主动性的三个战术,但在真正运用的时候,你必须综合各种战术,打出一套"组合拳"。

这一章,我会先介绍怎样运用这三个战术培养孩子的自主阅读习惯,特别是英文的阅读。

现在亲子阅读的理念越来越普及,相关的辅导班和书单也不少。那么,我为什么要强调让孩子自主阅读?

在我看来,亲子阅读只是过渡,最终孩子还是要学会独立阅读。长远来看,孩子不仅需要读懂,养成长期的阅读习惯,更要通过阅读去学习各种新知识。这也就是英文常说的"学会阅读"(learn to read)和"通过阅读去学"(read to learn）这两个阶段。

比起中文，培养英文阅读习惯会难很多。因为孩子从小生活在中文环境中，接触更多的是中文书。不过我介绍的理念和方法，用到孩子的中文阅读上，也同样有效。

我先介绍一下女儿朵拉的英文阅读经历。

朵拉真正开始英文阅读，是在她5岁的时候。那一年，我们全家跟着朵拉爸爸去美国访学。在美国生活的8个月里，朵拉从英语零基础开始，学习了自然拼读，并开始接触英文绘本。

回国后的这两年，朵拉在家门口的普通小学读书。我给她报了英文兴趣班，希望她的英文水平不要下降太快。但我发现每周一次的兴趣班效果并不大，只好再寻找别的办法。

直到有一天，我发现朵拉对一套有声书——《朱尼·琼斯》（*Junie B. Jones*）产生了兴趣。它是一套"桥梁书"，和绘本相比，插画变少、文字变多、难度提高，能帮助孩子的阅读从以图片为主过渡到以文字为主。

《朱尼·琼斯》是以一个美国5岁小女孩的口吻讲述趣味横生的幼儿园和小学生活的书籍。朗读者声音清脆活泼，很招人喜欢。朵拉听了这套音频故事后，就主动提出要看书。

从此以后，我就采用先听音频再看书的方式，给朵拉选了不少好听、好看的书。朵拉对阅读的兴趣也变得一发而不可收，每天放学到家的第一件事就是回房间看书。一到假期，她更是开启了疯狂的阅读模式，一个月就能读完10多万字的书。

现在朵拉8岁，她不仅可以读"哈利·波特""波西·杰克逊"等长篇英语系列小说，也能在适合她的全英文教学平台自学数学了。前段日子，我让她做了美国很权威的Star阅读测评，测出她的阅读能力已经达到了美国七年级以上的水平。作为一个公立学校的小学生，朵拉的英文阅读能力能够有如此迅猛的发展，是很不容易的。

现在再来回顾朵拉阅读习惯的养成，我建议，父母可以综合运用以下方法推动孩子主动阅读。

✕ 打造读书氛围

父母首先应该做的，是打造一个从课堂到家庭的沉浸式读书环境。我所说的读书环境，并不是简单的书房或者书架，而是要解决什么时候读、在哪里读、和谁读这三个问题。

什么时候读，就是把读书的时间固定下来。比如，放学回家后的半个小时、睡前半个小时，或者周末的某个下午，都可以作为专门的阅读时间。我们家每个周六、日的上午，都会雷打不动地在咖啡馆看书，再加上每天睡前亲子阅读的零散时间，孩子的阅读时间就差不多了。

在哪里读，指的不是限定书房等特定的读书

空间，而是在孩子生活和学习的每个固定场景，比如客厅、洗手间、卧室等，都可以随手拿到书来读。移动场景也一样，我们旅行或者周末出门，也都会带本书，让孩子随时都能读书。

还有，最重要的就是和谁读。朵拉就是在和她一起学英语的优秀同伴的刺激下，读完整套"哈利·波特"的，当时她也就7岁。朵拉所在的学校也有各种阅读活动。比如，学校会让学生填写每月的听读表，奖励坚持听读的学生。这些活动顺应了朵拉对同辈环境的归属感，大大调动了她读书的积极性。

随时随地读书，家人、朋友都在读书，这样孩子就会发现，读书是生活的一部分，而不仅仅是学校或者功课的一部分。

✕ 开展主题学习

现在书单很多，但要找出孩子愿意主动去读

的书，还是得从孩子爱玩、自我意识以及归属感的需求出发。和这些需求相关的题材，比如，讲友情和成长的校园题材，讲成长和探索的冒险题材，讲恐龙、宇宙等有科普性和趣味性的故事书等，一般都比较受孩子欢迎。

我对选书的建议是，在一段时间里围绕孩子喜欢的某个主题集中选。

比如，孩子这段时间喜欢飞机，你就可以搜集各种类型的飞机书，讲飞机结构的翻翻书、介绍飞机导航系统的绘本、坐飞机旅行的故事书，都可以。而且，这些书最好同时有纸书、音频、电影、动画等多种形式的版本。

除了主题式阅读，你还可以利用孩子爱玩的天性，设计主题活动。如果小朋友对交通工具感兴趣，你就可以先找来和汽车、飞机相关的一系列读物、动画片等，让孩子读一读、看一看，然后带他去坐地铁、公交车，逛相关的博物馆，实际感受一下。

围绕主题选择多媒体的阅读内容有三大好处。

首先，可以吸引和鼓励孩子持续学习某个主题。

孩子的兴趣广泛，但是会经常变化。可能你刚买了一大堆书，孩子突然就不感兴趣了。通过动画片、书、音频等多媒体形式以及有趣的活动，可以给孩子各种刺激，持续激发他们的兴趣，让他们不断学下去。

比如，我们全家都特别喜欢看 BBC 的纪录片，尤其是和动物相关的。有时候一部纪录片全家会一起看四五遍。孩子看了纪录片，再去看同主题的书就特别有感觉。

其次，多媒体阅读不仅能让孩子对一个主题有全方位的了解，也能培养他们的多元技能。

比如，很多英文书都会配备有声版本，朗读者绘声绘色的演绎，往往比纸书更吸引孩子。朵拉看书，往往是受音频吸引。听书对孩子的辨音能力和口语表达也有帮助，朵拉听什么人朗读，她的发音、语调和风格就会受到这个人的影响。

最后，多媒体的形式也方便孩子在不同场景中使用。比如，路上没法读书的时候就听听音频。朵拉在假期的旅途中，往往会听有声书消磨时间。一个假期下来，她的英文听力和阅读能力都有了突飞猛进的提高。

✕ 选难度适宜的书

要想让孩子更积极主动地阅读，还可以顺应孩子自我探索的需求，选择难度适宜、孩子"踮起脚尖才能读"的书。阅读这类书，孩子既能感受到一些挑战，又可以通过努力去应对。

要做到这一点，就需要了解孩子的阅读能力，还需要评估书籍的语言难度。

在英文阅读方面，你可以参考两大知名阅读指数：蓝思指数（Lexile）和 AR（Accelerated

Reader,美国知名阅读分级体系)。

蓝思指数将读者的阅读能力和读物的难易程度相关联,这样读者就可以直接根据自己的阅读水平来选择合适的读物。现在很多英文原版书都标有蓝思指数,即指明这本读物的阅读难度。

怎样才能知道自己的阅读能力呢?在美国主要通过测评,其中比较知名的就是AR体系。

AR由美国Renaissance Learning公司开发,包括Star Reading Assessment和AR Quiz这两个产品(现在的新名字叫Star 360和AR 360)。

Star Reading Assessment是测试学生阅读水平的考试,测试后会提供一份报告,汇报学生的GE(Grade Equivalent)等数值,即评价测试者的阅读水平等同于美国学生哪一年级第几个月的阅读水平。

如果GE是7.4,即表明他的阅读水平相当于美国七年级第四个月的中位数水平。测试报告也会给出建议——孩子适合读蓝思指数多少的读物。

所以GE是指孩子的阅读能力所处的学龄段，而蓝思指数更多是指文本本身的阅读难度。

AR Quiz则是一个题库，包括诸多知名英文图书的阅读理解题目。学生测试后，可以根据自己的能力来选书、读书，读完书做相关的阅读理解题，获得积分。读一段时间后再去做一次测试，看看自己的能力是否有提高。这样就形成了一个良性循环，阅读能力逐级进阶。

具体如何选书呢？

AR体系会给相应的书注明适合的年级。蓝思的官方建议是，可以把选择划定在比自己蓝思指数低100L到高50L（-100L ~ +50L）的范围。这一范围里的书，孩子既可以理解内容，读起来又有一定挑战性。

如果你买的书并没有这两个阅读指数，或者你也没时间去搜索相关的信息，怎么办？有一种更简单的办法，就是让孩子读一下。

我给孩子买书的时候，每次只买一两本，先看孩子是不是愿意读下去。如果确认了孩子喜欢读，再继续买。这种方法看上去很简单，也不怎么专业，或者说没运用什么科技，但其实最"个性化"。

很多家长喜欢在打折季囤书，一次买一大堆，觉得便宜而且快捷。但是万一孩子不愿意读，就会感到非常心痛。如果每次只买一两本，就可以很快试探出孩子的阅读水平和阅读兴趣。而且，孩子有时就因为被"吊着胃口"才更愿意读。

当孩子开始自主阅读后，很多父母都想知道孩子到底读懂没有。有的父母会让孩子去做题，读了以后通过做一些题，父母就知道孩子是不是真看明白了。这也是 AR 在中国越来越受欢迎的原因。

但做题容易降低孩子的阅读兴趣。读书本来是一种享受，做题会让读书变成学习。所以有的孩子一听见要做题，就不想读书了。

其实，要知道孩子读懂了没有，也有一种简单的方法——和孩子聊天。如果你担心自己的英文不好或者对孩子读的书不太熟悉，讨论可以不局限于书本身，和书相关的主题都可以讨论。

具体怎么聊呢？

我建议按照五个 W 和一个 H 的原则来提问，即 Why（为什么）、When（何时）、Who（谁）、Where（哪里）、What（是什么）、How（怎么样）。之后，你还可以逐步深入让孩子举个例子，或者问问孩子"你觉得生活中是不是也有这样的情况"等。

举一个例子。朵拉前段日子在读一套叫《猫武士》的书。睡前我们就会聊天，聊这本书。比如：主角是谁？她/他的朋友是谁？然后围绕着猫、魔法、部落等主题开始随意聊天。朵拉如果读的是英文书，我就尽量用英文来提问。如果是中文书，我就用中文提问。这样孩子不需要翻译，聊起来也更顺畅。

这种讨论本身,实际上是阅读训练的一种方法。提问不仅可以了解孩子对于相关主题的看法,也会鼓励他去分析、总结,锻炼孩子提取有效信息的能力。

在孩子自主阅读的培养上,不是要逼迫或直接教孩子读书,而是要让孩子感觉到周围人都在读书。让他感觉到读书既是有趣的,也是有挑战性的,让阅读成为他终身都会主动坚持的行动。

06

让孩子主动学数学

父母需要满足孩子对陪伴和
成就感的需求,
这才是孩子持久学习的动力所在

我们都知道，学习数学对孩子很重要。它能培养孩子的思维能力和解决问题的能力，数学的学习也会始终贯穿孩子整个学前到高中阶段。那么，怎么让孩子主动学习数学呢？

无论是哪个领域的学习，让孩子从接触到掌握都可以分为三步：第一步是激发兴趣，让孩子愿意学习；第二步是系统的学习规划，把大目标分解为小任务，让孩子可以循序渐进地学习；第三步是测评，确认孩子是不是掌握了。

有些家长可能觉得这太难了，尤其是学习规划和测评，是专业的辅导老师才能完成的事。如果自己数学一般，也不知道怎么做规划和测评，是不是在主动让孩子学习数学这件事上就无能为力了？不用担心，还是有很多办法的。

✕ 培养孩子的数学兴趣

在让孩子主动学习数学这件事上,从孩子上幼儿园或者更早的时候起,父母能做的第一件事就是培养孩子的兴趣。

激发孩子对数学的兴趣,我首先推荐使用App。现在有很多数学启蒙的App都结合孩子爱玩的特点,采取了游戏的方式,让孩子在玩耍中理解基本的数学概念。

就拿朵拉来说,她的数学启蒙是从幼儿园开始的,使用合适的App包括"Quick Maths Jr." "Starfall"和"Todo Math"。这三个App都是全英文的,只有最后一个有中文版本。它们共同的特点是画风可爱,游戏环节设计精巧,操作极其简单。尤其是"Quick Maths Jr.",全程没有文字,不需要任何语言提示,孩子自己简单琢磨一下就能很快上手。

在幼儿园到小学的衔接阶段,父母就需要为

孩子将来长期的数学学习做准备了。你不仅要加强孩子对数学概念的理解，更要让孩子了解数学在生活的各种场景中是怎么应用的。这方面，我推荐用故事书和绘本来激发孩子的兴趣和思考。

我最喜欢的数学绘本有两套。

一套叫《从小爱数学》，一共有40本书。这套书把代数和几何的重要概念与应用，都植入到孩子的日常生活和奇幻故事里。书里用小猫钓鱼的故事，让孩子理解大和小；用长颈鹿画画的故事，让孩子理解长和短；用魔法三兄弟的探险之旅讲"三角形"……在这个过程中，数学对孩子来说，变得好玩又好懂。

另一套叫《汉声数学图画书》，一共有41本。这套书用深入浅出的语言和丰富的案例，介绍了从小学到初中的所有数学概念，包括数与计算、量与实测、几何与空间、统计与概率、集合与证明五大类。但这套书里涉及的概念比较深，如果你选择给孩子看这套书，只念给孩子听可不行。你需要自己先理解消化了,再给孩子讲解,有时候还需要用教学工具来演示。

比如,其中一本《橡皮筋、棒球、甜甜圈》讲的是拓扑学,已经涉及物理学知识了。看书的过程中,孩子会问大量问题,父母不能只朗读,更要担当老师的角色,用教具去演示,还要和孩子讨论,逐步引导他理解概念。

这是一套可以让孩子对数学产生疑惑和渴望的书。正因为有渴望和疑惑,孩子才会有学习的冲动,一遍遍读,反复思考。

✕ 帮孩子找到学习节奏

进入小学,孩子就开始了严肃的学习。这时孩子缺的不是兴趣,而是属于自己的学习节奏。

公立学校通常一个班有四十多个孩子,一个老师带好几个班,班级教学没办法匹配每一个孩子的进度，有的孩子"吃不饱"，有的孩子跟不上，分层教学很难实现。想保证效率又让孩子按照自己的节奏来学习，最有效的办法是班级教学加上个性化辅导。

说到个性化辅导，很多家长会想到培训机构。但就算是课外班，也不能帮每个孩子找到属于自己的学习节奏。正好朵拉也不愿意去培训机构，我就选择让她在网站自学。我帮她选择了一个适合她的全英文的在线学习网站。这个网站很适合自主学习。拿数学来说，它有三大特点。

第一，数学知识非常全面，提供了从学前到大学预科的一整套科学完整的知识体系。学生可以按照自己真实的水平来选择学习进度，并有机会涉猎所有相关的知识点。

第二，通过短小精悍的视频，深入浅出地讲解数学概念和问题。每个视频2~5分钟，通过举例和具体的演算，集中讲一个知识点，孩子一下子就能了解重点。

第三，提供非常及时的反馈机制。每个知识点的视频看完，就会进入练习部分。孩子答完一道题后点击右下角的检查，马上就能知道答案，而且必须做对所有题才能过关。每个单元结束时有一次单元测试，每个学期结束时有一次期末考试，都是当场给结果。

虽然网站学习不是学校教育，但它提供了练习—单元测试—期末考试的三维组合，就算是小学生也可以轻松安排适合自己的学习进程，这正是现在非常流行的自适应学习模式。

拿朵拉来说，她从小学二年级开始，每天都会花半小时在网上自学数学。在这个过程中，她培养了自学习惯和能力，而且，这种能力也能迁移到其他课程的学习上。

有的家长会说，孩子的英语没有那么好，怎么办呢？网上还有大量的中文数学网站、App和各种纸质数学练习册可以挑选。但是无论你选择哪种学习方式和学习材料，都得遵循一定的原则，去帮助孩子学会学习。

✕ 用"胡萝卜加大棒"督学

让孩子主动学习,不是父母选择对了一个合适的平台就万事大吉。朵拉在网上学习时,也经历了从不情愿到逐渐接受的过程。她也会因为做不出题而烦恼,甚至大哭。

所以,在孩子学习的过程中,父母还需要有一个督学机制,这也是父母要着力的地方。

在督学方面,我们家用的方法是"胡萝卜加大棒"。胡萝卜就是给孩子自学的动力,大棒就是给孩子一定的任务压力。

在朵拉自学网上的课程之前,朵拉爸爸就直接告知孩子,数学必须要学,没得商量。这就是"大棒"。

同时,我们还会给出激励机制——每做对

一组知识点模块的题，可以获得10元钱。这10元钱，朵拉可以拿去买自己喜欢的东西，比如动物橡皮、彩色铅笔、乐高玩具等。朵拉爸爸还会告诉朵拉，学数学有很多好处，比如学好数学后，就能很快算出自己每天挣到了多少钱。这就是给孩子的"胡萝卜"。

对拿钱奖励孩子，你可能会有疑虑，其实教孩子认识和使用钱，也是在教他怎么用好手里的资源。而且朵拉的这些钱怎么用，我们是会提前约定好的。

"胡萝卜加大棒"双管齐下，只是让朵拉答应了上课。在上课时，同伴的陪伴和成就感才是真正推动她继续学习的动力。

在我家，朵拉的同伴是爸爸。她每天晚上自学数学时，朵拉爸爸都会陪着她。30分钟的时间，一般是朵拉看视频做题，爸爸看书。朵拉看不懂视频或做不出题的时候，爸爸才会给她讲解。

除了给朵拉讲题，爸爸后来也在网上自学了统计学、微积分和微分方程。两个人经常交流学习心得，也算是名副其实的同学了。

其实，对父母来说，给孩子讲解题目不是最难的，最难的是把握督学的"度"。在这方面，我们主要做了三点。

第一，时间上，陪着孩子坚持学习。每天都要学，就算只有 10 分钟时间，让孩子看一个视频，做一道题也可以。

第二，给孩子一些空间，不要一直强调学习进度或者要求必须做对。就算题目做错了，只要孩子能够根据反馈改进，也是有收获的。

第三，当朵拉学得不错时，我们会给予一些奖励。奖励钱，或者是玩游戏的时间。朵拉当然很开心，但她最开心的还是经过反复思考终于把题目做对的那一刻。题目难做不出时她也会大哭，但题目简单时，她会边做边哼小曲。最近一次网上的期末考试朵拉做对了全部题目,她特别开心,这种成就感是简单的游戏App和绘本都无法带来的。

到后期,随着朵拉越来越习惯于学习,我们开始慢慢让她真正独立地去学习。我们约定,如果是她主动和独立做题,那么每次只需要做一个模块;如果是父母要求并且有父母陪伴的,那么就要做三个模块。朵拉自然会选择前者,所以最近她都是独立学习了。

胡萝卜加大棒之下,朵拉10个月就学完了美国小学二年级到五年级的数学课程,开始向六年级的课程进发。而且,她已经积攒了6000元钱的奖励了。

总之,对于不同年龄段孩子的数学学习,父母可以用不同的工具来调动孩子的兴趣,帮孩子找到学习的节奏。同时,更重要的是,父母需要满足孩子对陪伴和成就感的需求,这才是孩子持久学习的动力所在。

✕ 拓展阅读：如何"消灭"旅行中的熊孩子

前文讨论的都是如何让孩子主动学习。这里我们谈点更轻松的话题——旅行。

现在亲子游非常流行，大家对全家出游有很多的期望——放松身心，凝聚亲情，增长见识……

理想是丰满的，现实是骨感的。这种期望很高、要求很多的活动，往往从筹划到执行都很不容易。尤其是在孩子不配合的情况下，我们作为父母根本无法放松。

以我家为例，每次出游，两个孩子一路上都会打打闹闹，轻则吵架，重则大打出手。怎么样让他们安安静静、开开心心地一路同行？我相信不少父母都有这样的烦恼。

是否可以通过之前列举的爱玩、自我意识和归属感这三个刚需，培养出亲子游中的好帮手，"消灭"路上的熊孩子呢？

我来分享一下我的办法。

1. 前期准备玩具和绘本。

首先在旅行之前就要做好三项准备工作。

一是要"种草"。也就是说,你可以在旅行前通过聊天、看绘本、看电影等方式和孩子一起规划和讨论旅行。

这样一方面可以了解孩子的期望,让孩子融入旅行计划,另一方面也可以让孩子对于旅行中要做什么有心理准备。如果孩子大一点,甚至可以让孩子自己学着规划行程,这相当于高级过家家。孩子会更开心的。

二是让孩子自己收拾行李。以我女儿朵拉为例,她从3岁开始,每次出行都是自己准备行李,放在自己的旅行箱里,我从来不过问。后来有朋友问我:

"如果孩子漏带什么怎么办呢?"

"买呗。"

"买不到怎么办？"

"就学到了呗。"

但是这么多年，朵拉从来没有落下过行李，反而会因为担心遗漏而多准备。相比之下，我这个妈妈收拾行李的水平更低，不是漏带就是落在路上。

三是要备好"粮草"，也就是路上可以玩的玩具和看的绘本。这是为了在长途出行路上孩子无聊时转移他们的注意力。这对小一点的老二特别有用，对于大一点的朵拉，我们会给她准备有声书。我们耳根清静了，她开心了，也学习了，皆大欢喜。

行前的这三项准备，都是为了帮助孩子在心理和物质上做好旅行的准备。但是真正到了旅行的时候，孩子不一定按照你的方案来行事。尤其是在长途旅行比较累，某些项目孩子又不感兴趣的时候，他们就更不会按照你的套路来了。

怎么办呢？朵拉爸爸发明了三个活动或者说游戏。因为特别好用，我称之为"实用三招"。

2. 旅途中玩游戏。

第一招是用安静游戏来预防孩子吵闹。游戏规则如下：

（1）在 10～30 分钟内不许说话，只要发声就算输。

（2）第一个发声的人给其他几位（一般是 2～3 位）没有发声的人每人 10 元，第二个发声的给剩下没发声的每人 10 元，最后一个不发声的获利最多。四川人看到这个规则马上就懂了——这就是四川麻将之血战到底，赢家通吃，但除了最后一个输家，其他输家都有盼头，都有机会吃最后一个输家。

朵拉爸爸发明这个游戏的初衷，是让孩子立刻、马上、主动地闭嘴。但是没想到孩子们特别喜欢玩，几乎每次一上车就要求玩安静游戏。一开始我们决定把游戏时间设为 10 分钟，因为孩子 10 分钟不说话就很不容易了。但是到后来，10 分钟都无法决出胜负，不得不延长时间，最长一次达到了35分钟。

为什么这个游戏比那些风景和博物馆都吸引孩子呢？我分析了一下原因。

第一，这个游戏很容易操作，对孩子的技能要求不高。第二，反馈非常及时，输了立马给钱，赢了立马拿钱。第三，父母也参加游戏，而且父母有时候还输给孩子，让小朋友非常有成就感。

如果孩子们已经吵开甚至打起来了，该怎么办呢？要知道在两娃的家庭，这可是每天都会发生的事情。从先后次序、表扬和批评的多少到礼物的多寡，都能引发一场小型战斗。

朵拉爸爸的解决方案是——第二招，"家庭法院"。游戏规则如下：

（1）爸爸当审判员，两个孩子一个当原告，一个当被告。

（2）原告和被告依次陈述经过，没有被叫到的孩子必须耐心等待。然后,爸爸法官就事实经过的细节提问。最后,爸爸法官宣布裁判结果。

(3) 宣判理由和依据完全由爸爸掌握。没有上诉机会。

家庭法院看上去很简单,但是效果奇佳。小朋友们刚开始还哭哭啼啼的,但是玩着玩着就慢慢冷静下来了。尤其是4岁的闹闹,做陈述的时候因为词汇量不够,还得动用肢体语言。比如要形容"朵拉打了我的屁股,我就踢了她的屁股",他就边说边拍自己的屁股,这个动作把法官、原告朵拉和他自己都逗乐了。

为什么"法庭审判"能够成为劝架神器呢?我们分析有两个原因。

第一,孩子喜欢玩游戏。尽管家庭法院是个比较正式的解决方案,但是毕竟比简单斥责孩子或者给个判断要丰富。如果求个公平或告状,孩子的心态还在打架上,但在玩法庭游戏时,孩子关注的就是玩了,情绪也就变了。

第二,家庭法院首先让每个孩子陈述经过,这给了孩子表达自己情绪的机会。孩子一边说一边就慢慢冷静下来了。小孩子吵架,本来也没有什么深仇大恨,所以很快会烟消云散。

如果说前两个活动还算是为了阻止孩子吵闹设计的,那么第三招"下午茶",则带来了意外的效果。

旅行嘛,大部分时间要走路,挺累的,而且我们一般是和老人一起出行,所以每天下午 3 点,我们会结束在外的游览回到酒店。半路上我们会去街边的超市买点水果、牛奶、红酒和饼干,然后一家人在酒店的阳台上边吃边聊。休息好了,小朋友们就先做暑假作业,然后打游戏的打游戏,看动画片的看动画片。

准备下午茶的过程中,两个小孩也不打闹了,兴致勃勃地帮着摆盘、切水果、倒茶、端牛奶。吃完喝完就赶紧做作业，做完作业再玩。

外面那么多著名的风景名胜你不去游览，博物馆里那么多的大师作品你不看，待在酒店里吃水果、做作业、打游戏，是不是有点太浪费了？这些在家也可以做呀？但是孩子不在乎。他们觉得外面的世界很好，但是下午茶也很棒。因为下午茶就是过家家加上做作业和打游戏，这恰恰是他们平时就很熟悉的事情，做起来很轻松。

和孩子聊天以后，我也很感慨。很多父母把暑期出国游看作给孩子开眼界、长知识，甚至是培养外语技能的好机会，所以会绞尽脑汁地去安排各种学习项目。我呢，自己也很爱玩，通常不会把孩子作为旅行的主角。我都是先安排自己想去的地方，然后再腾出一两天给孩子。但无论哪种安排，都是父母决定的，并不一定是孩子喜欢的。

家庭游里，老人、孩子以及父母自身的爱好都不一样。要让这样的团队在出行过程中其乐融融，一是要做一个多元化的日程安排，二是最好给日程留白,让大家可以有时间去做自己更喜欢的事情。

现在回顾当时的出游,这三个活动有一些共同的特点。

第一,用游戏代替命令。无论是安静游戏、"家庭法院"还是下午茶,在孩子眼里都是玩,而且是他们玩得了的游戏。

第二,用选择代替惩罚或者斥责。赢了安静游戏可以拿钱,吵架了可以上"家庭法院"解决问题,做完作业可以自己选择玩什么,这些对孩子来说都是选择项,而不是父母单方面的命令。

第三,父母全程和孩子一起玩。一起玩,我们才能够真正设身处地去理解孩子,才能有效地和他们互动。

总结这三个活动的好处,就是它们都可以带来"掌控感"。无论是容易操作的比赛,还是过家家一样的游戏,都能让孩子有机会在自己安心的环境里掌控自己的日程和生活。

  掌控感以及胜任力和由此获得的自信，才是培养孩子主动性的关键。

07

为什么钱能帮孩子衡量需求

钱是中性的,
它是价值的量尺,
是一种资源。

在本书的最后,我要送你一把尺子——钱。告诉你怎么用钱来让孩子真正明白自己的需求,并激励他们积极行动。

我们都知道,人的需求其实是很复杂的。随着孩子逐渐长大,他们会进入求学、工作阶段,会遇到越来越多复杂和艰巨的任务,这需要他们长期坚持甚至克服重重困难才能完成。这个时候,光靠有趣、同伴或者简单的激励是没有办法让孩子持续下去的。

所以,孩子7岁以后,你就要升级培养策略了。你需要一些工具,帮孩子想清楚需求是什么,然后让他主动调整自己的行为。

帮孩子衡量需求,我推荐的方法是钱。

我知道,有不少家长反对和孩子谈钱,认

为用钱做奖励推动孩子行动，会让他变得唯利是图。但实际上钱是中性的，它是价值的量尺，是一种资源。

让孩子了解钱、学习如何使用钱，就是教他学会盘点自己的资源，估量自己的渴望，设定自己的目标。知道自己想要什么，有多想要，才会更积极地去努力争取。

✕ 用三个问题和孩子谈钱

具体来说，你可以通过三个问题和孩子谈钱：钱从哪儿来？钱如何花出去？如何用钱来衡量一切？关于最后一点，我将在下一单元单独展开讲述。

第一个问题：钱从哪儿来？

我们和朵拉正式谈钱是在她7岁时。那年春节，朵拉收到了一笔压岁钱，用这笔压岁钱给她付完学杂费后，还剩1000元。我们就给她开了一个自有账户，把这笔钱存进去作为基础基金。

家里的亲戚了解到朵拉有这样一个资金账户后，当她表现得稍微好一点，大家就慷慨解囊，往她账户里存钱作为奖励。但怎么判断表现，给多少奖励，却没有统一的标准。而且亲戚也不惩罚，这么奖励几次后，朵拉越来越觉得拿到钱并不难。所以，我们后来对存钱做了细致的规定。

第一，明确挣钱的标准。

比如，孩子额外做了事情才能给钱，而对于孩子本来就应该做的事情，不能给钱，避免她把一切都当成交易。如果孩子不遵守各种行为规范，如不按时完成作业等，还会被扣钱。

另外，最开始给钱的标准不用设定得太细，方便后面根据实际情况调整。

当时的朵拉有两种挣钱方式。一种是完成额外的学习任务。比如，在网上自学，她每完成一个知识点的视频学习并做对全部练习题，就会得到10

元钱奖励。另一种是对家庭做出额外贡献。比如，给弟弟念完一本书，可以挣10元钱，如果书比较厚，可以挣20元钱。

第二，明确裁判。

在我们家，朵拉爸爸是唯一给钱的人，也是调节孩子零用钱水准和奖励标准的唯一评判人。

用钱来奖惩，激励和约束效果都非常明显。但是用钱激励毕竟是一个新鲜事物，标准需要不断调整。

知道这件事后，家里的亲戚朋友都想加入进来，他们的奖惩标准更是五花八门。有一次我们全家出门旅行，家里的老人为了让朵拉早上吃一个鸡蛋，居然同意给她100欧元。我们当然否决了这个交易。

必须有一个人去把控关键的奖惩标准，才能保证奖惩的公平、有效和一致。

第三，有仪式感。

自有账户里的每项支出，我们都会清楚、确切地记录在 Excel 文件里，形式庄重严格，完全公开透明。朵拉爸爸还把文件上传到了网络云端，这样朵拉想查时，爸爸就能随时随地在电脑或手机上查询。

这么做其实是给孩子公平、即时、持续的反馈，让她知道任何东西都要付出努力才能得到，而且努力是有成果的。

到目前为止，朵拉的存款达到了 9853 元。现在她有了第一个人生小目标，成为万元户。

第二个问题：钱如何花出去？

在教孩子花钱方面，我们家的标准是：朵拉的劳动所得才能由她自由支配。

朵拉的存款里，一部分来自努力，另一部分来自压岁钱，这两笔钱是分账管理的。

压岁钱在春节的短短几天里就能获得，这样孩子花的时候容易没负担、没标准，来得容易去得也容易。所以，我们规定，压岁钱虽然是朵拉的，但使用时必须得到爸妈同意，不同意就不能用，要继续存在账户里。

而朵拉的劳动所得可以完全由她自己支配。如果朵拉想买的东西我们也觉得很好，那么我们就会赞助一半的钱，她付一半就可以；如果朵拉想买的东西我们不同意买，那只要她愿意负担全部费用也可以买。

另外，家庭常规支付范围内的花销，我们会承担。对于那些非家庭常规支付范围内，但是朵拉想做的事情，她可以自己花钱。比如，朵拉饭后想吃冰激凌，就可以让我们买单。如果她没吃完饭，却想吃冰激凌，那就要自己花钱了。

✕ 教孩子用钱衡量一切

个人账户的诞生让朵拉对于钱的看法发生了

巨变。过去，她对钱没有很强的认知。对她来说，钱和小红花、积分没有什么区别，钱多和钱少也没有太多区别。现在，她有了三点变化。

第一，不会想要什么就买什么。

在要一个东西之前，朵拉会先了解谁付钱，要付多少钱。如果是要自己付钱，价格又比较贵，她就会抑制当下的需求，耐心等待。

第二，朵拉会规划哪些东西更值得买，哪些可以以后再说。

比如，我们规定出去吃饭，如果是朵拉要求额外单点的菜，但她自己没有吃，那么她就得为这份菜付钱。所以她和我们出去吃饭时，总是会先吃自己点的，以免忘记吃了，自己要付钱。

第三，朵拉有了挣钱的意识。

有一次，因为表现不好，朵拉被爸爸扣了100元钱。当天晚上她就主动给弟弟读了5本书，第二天依然如此，最终挣回了100元。

"用钱衡量"具体包括哪些方面呢?

第一,用钱衡量和管理自己的欲望。

其实,认识到钱的存在和影响只是第一步,更重要的是让孩子进一步理解钱的意义,并且主动调整自己的行为。朵拉爸爸的办法是提问,让孩子说说每件东西到底值多少钱。

因为认知能力不足,小朋友看事情往往只看两头:是非、好坏、对错,没有中间地带。但钱是天生的量化工具,就像一把尺子,可以衡量复杂的东西,包括人的欲望。孩子自己愿意花多少钱买,就能清楚自己对一件事情有多渴望。

有一段时间,朵拉喜欢上乐高店里的迪士尼城堡,但它的标价是3699元。于是朵拉爸爸问她,假如乐高店的这件商品降价,多少钱你愿意买?朵拉说,1500元。朵拉爸爸又问:那降到多少钱,你会毫不犹豫地买呢?朵拉的回答是900元。

你看,价格变了,行为就改变了。

同样，这把尺子也可以帮助孩子管理自己的欲望。

很多父母对于怎么控制孩子玩游戏时间的问题很头痛。朵拉也迷上过一个网上的游戏。朵拉爸爸同意她每天可以玩30分钟，但是她需要用自己的钱来买，价格是一元钱一分钟。朵拉思前想后，决定每天只玩20分钟，这样就只花20元钱。

朵拉爸爸每天还会跟朵拉玩一个问答游戏：想一想，你有多喜欢一样东西，多讨厌一件事情，并用1到10中的一个数字表示喜欢或讨厌的程度。通过这样的问答，孩子会知道，越喜欢的就愿意付越多的钱去获得它。

第二，用钱衡量和管理同别人的关系。

钱作为一把尺子，还能管理和别人的关系。比如，我们在家里会通过两种和钱有关的方法减少两个孩子大战的次数。

一种是做买卖。

以前，要是朵拉看中老二手中的宝贝，会用两个办法，一是抢，二是骗。每次到最后都是以一场惊天动地的打架结束。有了钱这把尺子后，情况就不一样了。有一次，朵拉看上老二手里的小盒子，老二不肯给，朵拉就提出直接购买，最后花5元钱成交。

最有意思的是，当朵拉爸爸问："谁赚到了？"姐弟俩都觉得自己赚到了。朵拉爸爸再问："为什么？"朵拉回答说："因为想法不同，我更喜欢盒子，二宝更喜欢钱。"

朵拉爸爸紧接着说："不光你们俩不一样，所有人都不一样，所以你往窗外看全都是买卖。朵拉你也要多做买卖，因为只要做成买卖，你就赚到了。"

朵拉问："怎样才能多做买卖呢？"

朵拉爸爸说："就像今天你发现你跟二宝对盒子的想法不同一样，你要去发现你跟别人有什么地方想法不同。想法越不同，不同的时候越多，你的买卖就越好做。"

另一种是秘密投标。

以前朵拉爸爸有什么好玩的、好吃的，如果只有一份就不敢拿回家，怕两个孩子闹。现在，朵拉爸爸会让两个孩子各自把标价悄悄告诉他，然后他再把东西给出价高的人。投标所得的钱由朵拉爸爸记在两个孩子的账上，一人一半。

为什么要秘密投标呢？朵拉爸爸说，因为公开拍卖的话，孩子们会激情报价，报出过高的价格，事后会后悔。拍卖的目的不是为了拍出高价，而是为了找到一个合理的分配方式，所以他选择了更温和的秘密投标。而且投标所得的钱又变成了多出来且可以切割的东西，两个孩子一人一半，这种分配方式最合理。

钱本身没有魔法，但它能帮助两个有价值的东西互相交换，但凡双方自愿达成的交易，那必然是双赢。我们家自从用钱做了工具，两娃资源的分配就不再靠打架了。

有的爸爸妈妈也会担心，如果和孩子谈钱，或者用钱来制定激励机制，孩子未来会不会唯利是图、凡事都只讲钱。

其实，这就要看你是否给孩子提供了多元的激励方式，以及你是否认为人只会受到外部激励。比如之前我们讲到的孩子的三个刚需，都可以帮助你去激发孩子的内驱力，你是否采用了？还是说，你看到这一节后，只打算用钱来激励？

我举个例子，朵拉有一次觉得自己钱少了，于是就赶紧去给弟弟读书赚钱。显然她是受到了钱的激励。但平时她也喜欢给弟弟读书，因为她享受当老师的感觉，对她来说，这相当于玩过家家的游戏。那么，朵拉在这两种动力的驱使下给弟弟读书，有何不可？

我们再换位思考一下。我们成人也要通过工

作来换取报酬,那么你选择工作的时候是不是只考虑钱,而完全不考虑专业对口、工作环境、离家距离、价值感实现等各种因素?通过工作拿到报酬是不是让你成了一个唯利是图的人?我相信不至于此。

无论大人还是孩子,其行动都会受到多种因素的影响。作为家长,要全面考虑各方面的因素,才能帮孩子理解和应对未来他们要面对的社会。家庭也好,学校也好,都提供了一个缓冲带,可以让孩子以更小的代价去尝试和接触社会,最终走向自主的人生。

朵拉爸爸关于钱的做法,能让孩子明白钱作为工具的作用、交易的作用,以及一个朴素的道理——一切皆有代价。更重要的是,钱加强了孩子的责任感——我想要的东西我自己挣钱买,买了就是属于我的。我有权利,也有责任。

带娃不易,一个有主动性的孩子,能让父母

更轻松,也能让自己更自信地应对未知的挑战。一起加油吧!